부자로 만드는
펜트하우스

저자 리현

Ⅰ. 사랑은 이해하는 것

Ⅱ. 모든 삶은 과정이다

III. 신의 창조는 사랑에서 시작된다

I.

사랑은
이해하는 것

얼음 나라에서 온 공주는
여름에도 부츠를

▲ ▼ ▲ 걸음마를 겨우 하는 아이가 겨울에 샌들을 신겠다고 한다. 엄마는 추울까 봐 걱정이다. 그래서 부츠를 신겨 주려 한다. 아이가 짜증을 내거나 운다. 경험이 중요하다는 것을 알지만 어른들은 안 좋은 경험은 충격으로 남을 수 있고 그 충격이 삶에 부정적으로 영향을 줄 수 있으므로 가능하면 안전한 방법을 제시한다. 그래서 겨울에는 부츠가 옳다고 본다.

그러나 요즘 세상엔 먼저 겨울 샌들을 신는 사람들이 있다. 그것을 나쁘다고 할 수는 없다. 본인이 괜찮으면 되는 것이다. 그 아이는 화성에서 와서 열이 많아 샌들을 요구할 수도 있는 것이다.

"세상에, 겨울에 무슨 샌들을 신겠다고…."

이런 말보다는 발이 시렵다는 것을 느낄 수 있도록 샌들을 신겨서 눈 위를 걷도록 해 보자. 추위를 느끼면 그다음에는 털 부츠를 신을 수도 있는 것이다.

발이 시리지 않도록 두꺼운 양말을 신기거나 샌들에 털을 넣어서 발이 차지 않도록 하는 것도 괜찮다고 생각한다. 혹은 차 안을 따뜻하게 해서 샌들 신은 발이 차갑지 않도록 해서 감기 같은 문제를 가지고 집으로 들어오지 않도록 엄마는 해야 한다. 엄마의 역할은 감기에 안 걸리게 하는 것이고, 아이가 울지 않도록 하는 것이고, 아이 입에서 "아~ 세상 살기 힘들다."라는 말을 하지 않도록 해야 한다. 긍정의 시간으로 채워 주어 어린 시절이 행복하도록 해 주는 것이다. 감기에 걸려 있으면 아이가 행복하다고 할 수 없지 않은가?

그런 아이가 자라서 겨울을 따뜻하게 하는 특별한 것을 만들어 세상에 내놓을지 어떻게 아는가?

아는 만큼 말하고 아는 만큼 행동한다. 아는 만큼 힘이 덜 든다. 화성에서 온 아이는 겨울에도 샌들을 요구하고, 얼음 나라에서 온 공주는 여름에도 부츠를 주장할지라도 이해하고 허락해 주면 어떨까?

그 부츠를 신고 어디를 가야 하는지는 우리가 준비를 해 놓고 있어야 한다. 우리 문화를 잘 지켜 주어서 그 부츠를 신고 가기에 합당한 곳에서 필요한 교육을 받을 수 있기를 바란다. 그래서 그들의 자녀도 부츠를 신고 싶어 할 때 당연한 것처럼 엄마 손을 잡고 외출할 수 있기를….

2.
생떼 쓰는 아이는 없다

▲ ▼ ▲　　　생떼 쓰는 아이는 없다.

아이가 우는 데는 이유가 있다. 답답함이나 불안, 불편함을 느끼면 아이는 울 수 있다. 그래서 왜 우는지를 물어봐야 한다. 집 안에서는 안전하다고 생각할 수 있지만, 우리가 사는 세상엔 우리가 알 수 없는 수많은 영의 움직임이 있다 한다.

사람 몸 안에 영혼이 있다는 것을 요즘 사람들은 대체적으로 거의 다 알고 있다. 직접이든 간접이든 교육을 통하여 들어 왔다. 그 영혼이 빠져나가는 것이 죽음이고 잘못되면 떠돌아다닐 수도 있다는 것도 어릴 적부터 들어 왔다.

우리 조상들이 보았다던 몸이 없는 귀신들이나 무당들이 말하는 시어머니 귀신이 집 안에서 살고 있을지 어떻게 알겠는가? 그 알 수 없는 수많은 영의 간섭을 받으며 사람들이 살기 때문에 병명 없는 고통이나 질병을 앓기도 하고, 보기에는 아무렇지도 않은데 아파서 입원하기도 한다.

말이 아직 어려운 아이는 의사 표현을 우는 것으로 하기도 한다. 따라서 '무조건 생떼'라는 것은 없다. 본인에게 필요한 것이 있으므로 찾는 것이다. 정확하게 무엇인지는 자신도 모를 수 있지만 무엇인가를 요구하는 것이다. 그것을 충족해야 평안함을 느낄 수도 있는 것이다. 아이가 원하는 것이 무엇인지 들어주면서 왜 그런지를 물어봐야 한다. 그러나 본인도 모르는 일에 불안을 느끼면서 엄마 손을 끌어가기도 한다. 엄마는 이해할 수 없겠지만 평안하게 해 주어야 하는 몫은 있다. 따라서 아이의 요구를 들어주고 가능하면 울지 않도록 해야 한다.

우리는 전생을 무시한다. 그러나 전생이 있고 후생도 있다고 한다. 옛날 사람들이 하는 말을 단순하게 무시하기에는 우리가 모르는 일이 많다. 놀라면서 우는 아이의 전생에 대해 생각해 본 적이 있는가? 태어나기 전에 안전한 곳에 있다가 왔을 수도 있지만 불안 속에 있었을 수도 있다. 누군가가 전생의 인연으로 따라다니며 괴롭힐 수도 있는 것이다.

영의 세계가 있다는 것을 인식하면 아이가 이유 없이 우는 것이 아니라는 것을 알게 된다. 화성에서 온 아이는 여름에도 따뜻한 불을 찾고, 얼음 나라에서 온 공주는 찬 손으로 고드름을 잡으려 할 수 있다.

고집을 세운다고 아이를 야단치면 안 된다. 반드시 이유가 있다. 들어 봐야 한다. 말로 표현하도록 유도해 보자.

건강한 아이로 자라도록 하기 위해서는 어른들은 아이의 눈 아래에 있어야 하고 이해해야 한다. 이유를 몰라도 이해해야 한다. 말로 표현 못 하지만 아이도 상황을 보는 눈이 있고 판단을 한다. 그 판단으로 행동을 하므로 그 판단이 무엇인지 물어보자. 말에 서툰 아이에겐 어른들의 표현으로 객관식의 번호를 붙여 주며 선택하도록 해 보자. 그리고 설명을 하되 반드시 사실과 진실을 말하자.

사실을 말할 때 모두 다 말해야 하는 것은 아니다. 간단하게 필요한 것만 말하고 예를 들거나 비유해서 말해도 된다. 그러나 거짓말은 안 하는 것이 좋다. 아이들은 따라 하기를 쉽게 배운다.

이해는 듣는 것에서 시작한다. 들어야 한다. 아이가 무엇을 말하는지 들어야 하고 살펴봐야 한다. 들을 때 내 기준이 아니고 아이의 기준이나 다른 사람들의 기준에서도 들을 수 있어야 한다.

아이가 우는 것은 엄마의 듣기로는 해결을 못 받았다는 뜻일 수 있다. 그럴 때는 다른 어른들의 체험도 들어 보고 상담도 받아 보자. 어른이 아이를 인도하는 방법은 상담을 통해서도 할 수 있다. 상담은 특별한 아이들만 하는 것으로 보고 특별하지 않은 우리 아이는 안 해도 된다고 생각할 수 있다. 그러나 현대 교

육의 또 다른 방법으로서 누구나 할 수 있는 일반적인
교육 과정 중 하나라는 인식이 필요하다.

3.
아기 엄마의
우울증

▲ ▼ ▲ 　　　TV에 〈요즘 육아 금쪽같은 내 새끼〉라는 프로그램이 있다. 아이가 울면서 엄마를 찾는다. 엄마는 아이를 안아 주지만 힘들어 보인다. 그래도 계속 아이가 울자 엄마가 드러누워 천장을 바라본다. 엄마의 두 손이 힘이 없다. 두 사람 다 안타까웠다.

　아이가 울면, 엄마는 자신이 생각하는 것을 아이의 입장에서 생각하고 원인을 해결해 주도록 노력해야 한다. 하지만 이것은 엄마가 건강할 때의 이야기다. 지쳐 있는 엄마는 우울증이 있는지 살펴봐야 한다. 지쳐 있으면 아이를 양육하기 힘들다. 양육이 싫은 것이 아니라 힘들어서 못 하는 것이다. 우울증이 들어가서 무기력해질 수 있다. 이런 아기 엄마는 육체적으로 쉬어 주어야 하고 심리적으로는 안정을 취해 주어야 한다.

아이를 낳으면 감정이 풍부해진다. 사랑이 넘치고, 많아지며, 이해심도 넓어진다. 포용력도 생겨서 웬만한 것은 웃고 넘어간다.

그러나 몸은 지쳐 간다. 아이가 2~3살쯤 될 때는 대부분의 엄마가 우울증 같은 증상을 겪는다. 아이가 싫어서 생기는 것이 아니다. 아이는 사랑스럽다. 사랑스러운 것은 당연하다. 하지만 몸은 노동을 하고 있는 것이다.

즉, 아이와 거리를 좀 두고 휴식을 취할 수 있도록 양육에 대한 부담을 줄여 주어야 한다. 우울증이 있는 아기 엄마들을 위한 프로그램 같은 것도 만들어서 참여할 수 있도록 기관 같은 데서 도와주는 것도 괜찮을 것 같다. 무료 도우미나 양육비 보조 그리고 우울증을, 치료에 대한 계획을 가지고 도와주면서 젊은 부모들의 커피 타임을 계속 유지하도록 하는 것도 중요하다. 젊은 부모들이 건강해야 사회가 건강하고 그들의 부모들, 즉 할아버지, 할머니들도 존중을 받으며 삶을 평안하게 유지할 수 있다.

자녀를 얻은 대가로 고생은 당연하다고 말해 왔다. 하지만 이 사회 체제 안에서 자녀는 고생이 아니라 삶의 힐링이 될 수 있다. 기를 때는 힘들겠지만 그 자녀로 인하여 기쁨과 감사를 경험하고 자신의 자녀로 인하여 자녀 친구들도 중요하다는 것을 알게 된다. 내 자녀가 살아갈 사회이므로 안전하고 수준이 높은 사람들이 내 자녀 주위에 있기를 바라게 되기 때문이다. 그것은 교육 수준을 높이고 사회의 문제를 나서서 해결하려는 어른들이 많아진다는 뜻도 된다. 그렇게 만들어진 한국의 21세기이다. 나이 든 부모나 젊은 부모에게 금쪽같은 내 새끼는 항상 안전하고 행복한 금쪽이기를 바란다.

4.
책과의
데이트

▲ ▼ ▲   책을 많이 읽은 사람은 안 읽은 사람
보다 어떤 상황에 대한 대처가 빠르고 정확한 것 같다.

길에서 사람을 만났을 때 첫인상에 대한 생각이 사
람마다 다르다. 이것은 그동안 해 왔던 경험의 결과일
것이다. 인상이 무서운 사람을 만나면 '이 길은 가능
하면 피하자.'라는 생각이 든다. 이 생각은 머릿속의
정리된 기억에서 '인상이 무서운 사람'에 대해 판단하
는 것이다. 판단 즉시 행동의 변화가 나타나서 자신도
모르는 어려운 일을 피해 갈 수 있게 한다.

내 머리에서 숨 쉬는 책이, 세상을 보고 사람을 보

고 환경을 보고 그리고 나를 안전한 곳으로 인도한다. 책 속에도 여러 종류의 세상이 있다. 책 속에서 만나는 세상과 연애를 해 보라. 그 속에도 사랑이 있다. 현실적인 문제가 해결될 수 있다. 우울할 때, 외로울 때 그리고 시간 보내기에 좋다.

책 속에서 나는 공주가 될 수 있다. 공주가 갈 수 있는 곳은 이쁜 곳, 좋은 곳, 평안한 곳일 것이다. 그 평안이 현실이 되어 나를 이끌어 갈 때 나는 안전해질 수 있는 것이다.

공주가 되는 것은 어떤 책을 선택하느냐에 따라 달라진다. 씩씩한 잔 다르크가 될 수도 있고, 현실을 적극적으로 살아가려는 스칼렛 오하라(《바람과 함께 사라지다》의 여주인공)가 될 수도 있다. 책은 애인이다. 시간이 없어도 가까이하자.

5.
말을 잘하면
전쟁도 끝

▲ ▼ ▲   침묵은 금이 아니다. 말을 잘하면
전쟁도 끝낸다.

사람이 동물들과 다른 가장 중요한 것은 말이다.
말은 자신의 의사를 표현하기 위해 한다. 즉, 상대방
을 설득하여 행동을 변화시키기 위한 것이다.

하나님이 사람에게 말을 할 수 있도록 하신 것은
하나님과 동행하려는 깊은 뜻이 있었다고 한다. 그래
서 사람의 뇌는 용량이 다른 동물들에 비해 큰 것인지
도 모른다. 보는 것을 저장했다가 필요할 때 생각을
통해 언어로 표현하도록 하는 것이다.

그래서 짐승의 입에서 나오는 말은 '소리'라고 하고 사람의 입에서 나오는 말은 '언어', 즉 '뜻이 있다'는 말로 정의한다. 예전에는 사람의 입에서 나오는 말이 사람을 괴롭히므로 말을 가능하면 적게 하도록 교육을 받았다. "침묵은 금이다."라는 말도 말을 많이 해서 실수를 남기는 것보다는 차라리 침묵하는 것이 낫다는 말이다. 그래서 꼭 필요한 말만 하도록 했다. 그러나 어느 정도가 적당한지 알 수 있는가?

의사소통이 중요한 이유는 자신의 생각을 표현하여 듣는 사람을 이해하도록 해야 하기 때문이다. 이해하려면 들어야 하고 듣지 못했다면 이해하기 어렵다. 예를 들어 누군가가 어떤 일에 대해 문제를 제기한다면, 그 문제에 대해 들어야 알 수 있고 해결할 수도 있다. 말을 안 하면 모르고 해결이 안 된다.

문제를 제대로 이해하지 못한 사람은 자신의 생각대로 해석하거나 혹은 사실과는 거리가 먼 판단과 결정을 할 수 있다. 그것은 문제가 해결되지 않고 남아 있을 수도 있다는 뜻이다.

다행히도 요즘 교육은 자신을 잘 표현하는 방법을 가르친다. 자신의 능력이나 취향에 맞는 직장이나 사람을 찾아 즐겁게 생활하기를 바라기 때문이다. 직장이 즐거우면 사회문제가 줄어든다. 사회문제가 줄어들면 그만큼 안전해진다. 그 안전함 속에 우리가 있고 내가 있게 된다. 말을 잘하면 전쟁도 멈출 수 있을 만큼 힘이 있다. 따라서 정확한 의사 표현과 지혜로운 말은 아주 중요하다.

그러나 나의 의사 표현이 누군가의 마음을 상하게 하거나 관계를 갈등 속으로 빠뜨리면 말을 잘했다고 할 수 없다. 듣는 사람의 기분이나 건강 상태나 이해도에 따라 신중하게 말하는 지혜가 필요하다. 그런 지혜는 어디에서 얻겠는가?

책을 많이 읽자. 특히 유치원부터 초·중·고등학생들이 읽어야 하는 책들을 읽어 보자. 학생들의 필독서를 읽어 보자. 어른들의 사회생활 폭이 넓어진다. 책은 어른들이 쓰는 것이므로 작가의 생각을 읽을 수도 있지만 책 속에서 아이들이 바르게 자라야 하는 방향에 대해서도 이해하므로 그만큼의 시야가 넓어진다. 조언도 해 줄 수 있다. 아이들의 행동을 간섭하고 야단치기 이전에, 이해하고 시대의 흐름을 같이 따라가며 지식과 지혜를 전수해 주는 준비된 기성세대가 되어 보는 것은 어떨까?

6.
부자는
노력의 결과다

▲ ▼ ▲   부자는 노력의 결과다.

부자는 욕심이 많고 인색하다고 보는 견해가 옳은
가? 나와 다른 부분이 있어서 그를 부자로 만들었을
것이다. 부모가 부자이든지, 생각을 하는 방향이 부를
얻게 하였든지, 부자인 친구를 만나 기회를 얻었든지,
나와 다른 뭔가가 있었기 때문일 것이다. 인색하다고
느낄 때 지출이 없어 그 인색함이 그를 부자로 만들었
는지도 모른다. 깍쟁이라며 내 주머니를 털어 차 한잔
을 대접할 때, 그는 저축을 하고 있는지도 모른다.

커피를 안 산다고 친구를 타박할 수는 없다. 그 친

구가 필요한 건 나이기 때문이다. 친구 입장에서는 인색하다고 구박을 받으며 굳이 나를 만나 줄 필요는 없는 것이다. 용돈 계산이 안 맞아 부담스러우면 다음 주는 커피를 만들어 공원으로 놀러 가든지 아니면 쉬면 되지 않을까?

사실 친구와의 커피값은 얼마 안 된다. 다른 데서 지출이 많으므로 커피값을 빼고 싶은 것이다.

세상에 있는 돈이라면, 누군가가 가져가야 하는 것이라면 내가 아는 그가 가져가는 것도 나쁘지는 않다. 나는 가져가지 못하므로.

'적당히 하지, 욕심을 부리네….'

적당히는 어떤 것이고 욕심은 어디까지인가? 욕심이라는 말은 주관적인 판단이다. 상대방은 당연하다거나 오히려 부족하다고 느낄 수 있다. 그래서 부자가 되었는지도 모른다. 다만 그가 부자가 된 방법이 옳으냐에 대해서는 불법이 아니어야 하고, 사람들이 선택해 준 자리를 잘못 이용한 것이 아니기를 바란다.

7.
네 얼굴에
책임져라?

▲ ▼ ▲   자기 얼굴에 책임을 져야 한다고 사람들은 말한다. 사람이 태어날 때 자신의 모습에 할 수 있는 일이 있는가? 부모의 건강이나 환경에 따라 다르고 부모는 또 조상들의 유전자나 생활 방식에 따라 다른 모습으로 태어난다.

우리 조상들 모습의 일부가 오늘 나의 모습일 수 있다. 또한 아기 때부터 먹는 것, 자는 것과 입는 것 그리고 교육이나 주위의 사람들과의 영향을 주고받는 정도에 따라 모습이 달라지기도 한다.

좋은 사람이 옆에 있어서 그를 보다 보면 닮아 갈

수도 있다. 괜찮은 사람의 모습을 생각하며 자신을 변화시킬 수도 있다는 뜻이다. 하지만 이것은 기본적인 생활이 유지될 때 가능하다. 편부모나 어려운 가정환경에서는 쉽지 않을 수도 있다. 도서관이 집 옆에 있어야 하는 것도 쉽지 않다.

도서관에 대한 중요도를 모르면 가까이하지 않을 수도 있다. 어른들이 하라는 대로 순종하며 살고, 힘든 일이 있을 때 앞장서서 그 일을 해결하기 위해 뛰다 보면 정신이 나갈 만큼 바쁠 수도 있다. 쉬지 않고 움직이는 날들로 인해 거울을 볼 시간이 없다.

따라서 지금의 내 모습은 내가 만든 것도 아니고, 나 혼자 살면서 나 스스로 다듬은 것도 아니다. 상황에 맞추어 살다 보니 편안한 모습이 없을 수도 있다. 전쟁 때 태어나서 신발도 제대로 신어 보지 못하고 살아온 사람들에게 어느 날 거울을 보여 주면서 네 얼굴에 책임지라고 할 수 있는가? 우리 삶도 전쟁과 비슷하다.

8.
이름이 아니라
돈을 남겨라?

▲ ▼ ▲　　　　과거의 영웅들은 이름을 남겼다. 그 이름을 후손들은 자랑스러워하며 살았다. 먹을 것이 없어도 족보를 지키며 훌륭한 조상을 생각했다. 돈보다는 명예가 중요했다는 것이다. 그러나 그 명예가 가져다주는 것이 무엇이었을까? 법 아래에 살았고 도둑질도 안 했을 텐데 돈보다 중요한 그 명예는 과연 지키려고 하는 모든 사람을 안전하게 했는가?

　　개인이든 국가든 안전한 것만큼 중요한 것이 있을까? 조선 시대는 태조 이성계가 세웠지만 조선 600년이 평안한 것만은 아니었다. 현대 사람들에게 상당 부분 부정적인 평가도 받는다. 조상들의 삶이 중요한 것은 그들의 삶을 보고 배우기 때문이다. 후손들도 처음 살아 보는 것이라서 옳다는 판단 속에 영웅으로 거론되는 조상의 견본은 그대로 행복한 삶으로 보일 수 있다.

현대인의 인생 목적은 행복이다. 이름을 남기기 위해 노력하기보다는 현재를 잘 살기 위해, 즐겁게 살기 위해 우리는 교육받았고, 받은 교육대로 살기 위해 노력한다. 외국에 나가서까지 교육을 받으면서 행복하게 사는 법을 연구한다. 행복을 지향하는 많은 사람의 다양한 성향이 다양한 직업을 만들었고 그것을 국외든 국내든 장소를 가리지 않고 배워 가며 행복한 삶을 지향한다.

인생의 목적이 과거처럼 후세에 명예를 떨치는 것이 아니라 가족들과 오늘 하루를 즐겁게 지내는 것이며 대부분은 거기에 행복의 기준을 두고 있다.

결점을 드러내는 것이 아니라 장점을 드러내서 칭찬해 주고 더욱 그 장점이 커지도록 도와주는 친구가 되어서 그가 내 친구인 것을 자랑스러워하는 사회를 만들어 가는 것으로 생각이 바뀌고 있다.

그래서 전쟁이 나지 않도록 기도하고 가난하거나 불우하게 자란 사람이 화풀이를 사회에 하지 않도록 사회나 선교지에 기부를 하고, 상담소를 차려서 칼은 과일을 깎아 먹는 과도이지, 전쟁에 사용하는 무기가 아니라는 것을 서로 가르치고 배우고 있다.

21세기에 행복한 삶을 살기 위해 필요한 것은 의식주를 해결할 수 있는 돈이다. 그래서 자녀들에게 돈을 남기려고 한다. 돈이 넉넉하면 더 잘 살 수 있는 확률이 높다. 잘 산다는 것은 행복의 기회를 다양하게 찾을 수 있다는 뜻도 된다.

9.
사람이 사는 것은
결과가 아닌 과정이다

▲ ▼ ▲　　　　직장인이 퇴직하는 것을 삶의 결과로 보는 경향이 있다.

"좋은 직장에 있었어도 퇴직하고 나니 생활비 걱정하며 살더라. 그나 나나 별 차이가 없더구먼."이라고 하면서 결과가 별로라고 하는 분들이 있다. 하지만 노후의 생활도 과정이지, 결과가 아니다. 태어나서 죽을 때까지 삶에 고통이 있든지 기쁨이 있든지 모두 과정이 아닌가. 어떤 부분을 결과라고 말할 수 있는가?

사후 세계에 대해서는 우리가 책임지지 않아도 된다고 성경이 말하고 있다. 우리를 만드신 신이 우리를 천국으로 인도하신다고 한다. 천국에 대한 확신을 가지고 선한 열매를 맺기 위해 노력하며 사는 것도 괜찮지 않을까? 가족 모두에게, 친구들에게, 세상에 인사를 나누고 아주 평안한 마음으로 좋아하는 곳에서 아침을 맞이하면 좋겠다.

아침을 먹고 갈 곳이 없다고 가방을 메고 문 앞에 서서 어디로 가야 하는지, 나가야 하는지, 집에 다시 들어와야 하는지, 결정 장애로 서글퍼할 때가 올 것이다.

인류의 조상, 아담은 쓰임 받으려고 태어난 것이 아니었다. 하나님과의 동행이었다. 21세기, 우리는 쓰임 받으려고 태어났는가? 선악과에 대한 불순종으로 가시밭을 일구러 들판에 가야 하는데 하나님은 멀고 사탄은 불순종에 대한 결과를 가지고 사람이 일하는 것과 고생하는 것이 당연하다고 조롱하고 있다. 열심히 일하는 사람에게 논밭을 쓸 만하게 다듬지 못했다고 타박하는 자는 누구인가?

신은 "잘해라."라는 말보다는, "할 수 있는 만큼 해

라."라고 하신다. 논밭을 다듬기 위해 태어난 것이 아
닌데, 일하는 것으로 쓸모를 저울질당하면 존재감을
어디에서 찾겠는가?

처음부터 아담은 쓰임 받으려고 태어난 것이 아니
라 그 자체가 목적이었다. 지금도 그렇다. 다만 세상
이 에덴이 아니므로 자신이 일용할 양식을 얻기 위해
일해야 하는 것이다. 그래서 모두가 일할 수 있어야
하고, 일하기 위한 기술을 교육받아야 한다.

그래서 쓸모없는 사람은 없다. 처음부터 쓸모를 생
각하고 하나님이 사람을 만든 것이 아니기 때문이다.

10.
한턱
낼게요

▲ ▼ ▲　　　동행하는 분들과 백화점에 갔다. 분
홍색 니트가 매대에 놓여 있어서 만지작거리다가 자
리를 떠났다. 같이 간 분들이 사라고 권유했다.

"가격도 저렴하구먼."

옷을 사서 가방에 넣고 식사한 지 얼마 안 되어 속
이 든든한 일행에게 굳이 나는 한턱을 내기 위해 토마
토주스를 시켰다. 주스값이 니트 가격만큼 했다.

옷을 사느라 돈을 지불해서 여유가 없어도 한턱내
야 한다. 안 하면 깍쟁이란 말을 들을 수도 있다. 예전
에 나는 이런 일에 대해 항의하듯이 누구에겐가 말했

다.

"옷을 사느라 지갑이 비었는데 한턱을 내야 하는가?"

"동행해 준 친구에 대한 예의 아닐까?"

그러나 더 중요한 건 백화점에서 여유 있게 차를 마셔 보고 싶었던 것을 그날 이룬 것이다. 사랑이란 이런 것이 아닐까? 같은 시대를 살아가면서 그들이 나에게 특별한 사람도 아니고, 항상 같이 있어야 하는 것은 아니지만 잠시 시간을 공유하면서 여유를 같이 나눈 것이다. 작은 사랑을 그곳에서 나누고 그다음 날엔 또 다른 분들과 만나서 맛난 음식을 먹을 수 있다면, 그 순간에 또 다른 조그마한 사랑을 완성해 가는 것이다.

나이가 조금 있다고 말하는 지금은 나를 만나 주는 친구를 얻기 위해서는 한턱 아니라 옷도 사 주고 싶은 마음이다. 같이 마시는 주스 맛이 아주 좋았고 동행해 주신 분들께 감사했다. 입어 보니 분홍색이 특징인 누구에게나 예쁜 그런 옷이었다. 서랍장 한가운데 잘 보

이도록 넣어 두고 외모에 자신 없어 보일 때 입어 보
자. 입을 때마다 그 시간이 봄날처럼 따뜻하게 느껴질
것이다.

11.
착하게 살면
고난이 없는가?

▲ ▼ ▲ 　　　　예전에는 하얀 드레스를 입고 예식
을 마친 후에 골방으로 들어가 한복을 재빨리 갈아입
고 양가의 일가친척에게 인사를 드렸다. 하지만 요즘
에는 한복을 입지 않고 가족들 인사는 알아서 하는 것
같다.

조선 시대부터 입었던 한복을 조상들의 전통으로
생각하여 중요한 날에는 한복을 꼭 입어야 하는 것으
로 인식했다. 전통을 지키는 백의민족이니, 순하디순
한 백의민족이라는 말로 포장하면서 조용히 살기를
강요당한 것이다. 착하게 살면 고난이 없는가?

백색의 치마저고리를 입은 키 작은 조선의 여인들을 보면 이런 생각이 든다.

'어떻게 흰옷을 저렇게 빨아서 입었을까? 유색 옷을 입으면 안 되었나? 백의민족이라는 말이 칭찬인가?'

여자들의 수고가 얼마나 많았겠는가? 좋은 세제와 세탁기로 매일 빨아도 빨래가 많고 시간도 상당히 걸린다. 2~3세대가 함께 모여 사는 조선의 가부장적인 가정에서 여자들은 하루 종일 일했다. 그중에서 흰옷을 빨아야 하는 것은 중요하면서도 스트레스에 시달리는 일이었을 것이다.

조상에 대한 제사 문화 속에서 600년을 조용히 살다가 일본에 나라를 뺏기고 36년을 더 고생했다. 그리고 3년을 또 남북 전쟁을 치렀다.

신이 계신다고 하니 여쭈어보고 싶다. 이씨 조선 600년을 쥐고 있던 신이 왕가를 멸망시켰는가? 이후 36년은 일본에 아예 넘겨주고 나라 없는 노예처럼 살도록 했는가? 그리고도 3년을 또 남북으로 나누어 적이 되어 싸우게 하였다. 한국을 완전 초토화시킨 것이다. 신이 있었다면 이유가 무엇이었을까? 전쟁은 공식적으로 사람들에게 허가받은 살인이라는 말이 있다. 평화를 사랑하는 신은 우리와 함께하지 않는가?

그렇게 40여 년을 지낸 후, 들판에 누워서 야생 짐승이 먹는 것을 백의민족은 먹고 살았다. 흰옷 입고 조용히 살려고 했던 뜻이 이루어졌는가?

조용하게 살면 내일이 있는가? 한국에만 내일이 있는가? 서양이나 유럽에는 내일이 없는가? 세계화가 빨라져서 조선 시대에도 많은 사람이 외국으로 나갔다면 그들만큼은 전쟁을 치르지 않아도 되지 않았을까? 요즘엔 다행히 외국으로 여행을 가거나 이민을 가는 사람들이 많다. 그들이라도 편하게 살 수 있으면 좋지 않겠는가?

흰옷은 빨기가 힘드니 유색 옷을 입을 수 있음에 감사하다. 생활이 어려워 배우지 못하는 사람은 무료 교육을 해서 내가 아는 것은 이웃도 알아서 대화할 때나 일할 때 소통이 잘 되게 한 것, 감사하다. 도서관이 아파트 안으로 들어와서 아이들이 걸어서 도서관에 갈 수 있으면 더욱 감사하다.

재사회화를 해서 새로운 언어나 문화는 기성세대도 배워서 세대 간의 대화가 문제가 없도록 하는 것도 상당히 중요하다. 주위의 비어 있는 건물을 활용하여 무료나 저렴한 가격으로 각 분야의 아카데미를 만들어 사회 변화를 가까이서 체험하게 하는 것은 어떨지요?

새로운 것, 배우고 익혀서 내 것으로 만들어 자신 있게 살자.

Ⅱ.
모든 삶은
과정이다

12.
기독교인은
펜트하우스 안 됩니까?

▲ ▼ ▲ 　　왜 돈을 필요악이라고 하는가?

돈이 있어야 잘 먹을 수 있고, 잘 먹는 사람들은 못 먹는 사람보다 잘 자고 건강할 확률이 높다. 코로나19가 왔을 때 그것이 과연 우리의 힘으로 물리칠 수 있는 것이었는가? 힘들었다고 본다. 그러나 한편으로 코로나19는 질병이므로 성경적으로 살았다면 코로나19가 그렇게 크게 오지는 않았을 것이라고 말씀하시는 분도 계신다. 즉, 우리가 공동체 생활을 더 잘 이끌어 오지 못한 것이 아닌가 하는 질문을 해 볼 수도 있다는 것이다.

사탄은 코로나19를 통하여 교회의 문을 닫도록 하였다. 교회 문이 그렇게 공식적으로 닫힌 경우가 역사에 있었던가? 질병과 사건과 사고는 사탄의 계획이라고 한다. 지진, 해일, 태풍도 사탄이 움직이는 것이라 한다. 생명을 앗아 가기 때문이다. 따라서 사건, 사고, 질병, 지진과 해일은 하나님의 뜻이라 볼 수 없다.

　　깨끗한 환경에서 사람의 수명이 길어졌다. 돈이 많으면 그 돈으로 환경을 깨끗하게 하는 것이 사람이다. 새집, 새 아파트, 새 가방과 새 옷이 나쁜가? 기분 좋은 일이 아닌가? 새것을 사면 왜 사치라고 하는가? 그것은 우리 어른들의 삶이 힘들고 생활에 필요한 돈이 적었기 때문이고, 없었기 때문이고, 어렵게 살아온 조상들의 삶을 이어받은 것이기 때문이다.

　　사람을 잡기 전에 사탄은 사람을 분석한다. 의자를 나무와 못으로 나누어 놓고 태우면 더 잘 태울 수 있다. 이것이 분석이다. 사탄은 사람이 먹은 음식을 분석해서 쌀, 보리, 김치, 고춧가루, 소금, 마늘, 생강, 파, 등등으로 나누어 놓고 약품을 넣어 물로 만든다.

물이 되면 사람은 숨을 쉴 수 없다. 즉, 이렇게 사망을 주장하는 자가 사탄일 수 있다는 것이다. 그러나 하나님은 신이시므로 지금도 치료하시고, 성경을 가르치시고, 생명을 사탄의 손에서 천국으로, 안전한 곳으로 부르고 계신다.

부자는 오래 살 확률이 높다. 부자는 돈이 많다. 잘 먹는다. 다양하게 먹는다. 외식을 많이 한다. 여행을 자주 다닌다. 좋은 차를 타고 다닌다. 집이 크고 깨끗하다. 직접 요리하는 수고를 자주 하지 않는다. 소비를 크게 한다. 쓰는 만큼 기쁨이 클 것이다. 선물도 크게 한다. 받는 사람의 인사도 클 것이다. 그런 일들이 부자를 즐겁게 한다. 힘든 일보다 즐거운 일이 더 많다. 돈으로 하는 일이 많고 돈을 많이 사용해서 얻는 즐거움이 크다. 잠도 잘 잘 것이다. 내일도 그런 일이 반복될 텐데 잠이 안 오겠는가? 내일을 기다리면서 빨리 자야 빨리 내일이 오지 않겠는가?

이런 생각을 받아 주는 사회가 민주주의 아닌가? 펜트하우스 생활이다. 우리 모두 부자가 되어 우리 집을 펜트하우스로 만들자. 예수님은 그분이 다시 오실 때까지 영혼육을 잘 보전하라고 하셨다. 바람이 들어왔다가 다시 따뜻한 공기를 품고 나가는 서까래 높은 한식집보다는 이중창이 단단한 아파트가 겨울에 따뜻하고 여름에 시원하다.

그래서 기독교인도 펜트하우스에서 살면 안 되는가?

내가 살아 보지 못한 부잣집은 마귀가 산다고 단정 짓지 말자. 오히려 배고픈 조상귀신으로부터 자유로울 수 있다. 부족한 것이 없이 교과서적으로 살아서 문제나 악을 경험하지 못했다면 의외로 상냥하고 따뜻할 수 있다. 고생해 보지 않아서 화를 낼 줄 모르는 사람도 있을 수 있다. 악을 경험해야만 하는 것은 아니라는 뜻이다. 오히려 그가 분쟁을 멀리하는 사람이어서 내가 평온할 수 있는 것이다.

하나님은 사람을 사랑하신다고 했다. 사랑하는 사람이 좋은 집에서 안전하게 사는 것을 싫어할 이유가 있겠는가? 돈이 일만 악의 뿌리라는 말 때문에 기독교인들이 고민을 많이 한다. 돈을 벌지 않고 어떻게 살 수 있는가?

전쟁이 지난 후 70년 동안 땅을 사서 야채를 길러 먹을 수 있으면 다행이겠지만 그렇지 못한 사람은 마트에서 사야 한다. 우리가 낮에 들판에서 모두 다 상추를 기르며 사는 것은 아니지 않은가? 상추를 살 돈을 벌기 위하여 커피를 팔고 월급을 받는다. 이런 과정에서 만들어진 돈으로 교회에 헌금도 한다. 그 헌금은 교회의 유지와 성도들의 공동체를 위하여 쓰인다. 그러니까 돈이 필요하다는 뜻이다.

그런데 돈이 일만 악의 뿌리라고 하니 어려운 가계의 맞벌이 부부는 주일예배를 드리면서 부담스럽다. 늘 죄를 지은 것처럼 미안하고 교회 일이나 봉사를 못하는 것에 대해서도 회개 기도를 하기도 한다.

사탄은 회개 기도를 신중하게 들여다본다고 한다. 돈이 아니라 기도하는 사람의 마음을 판단하고 불안이나 염려 속으로 들어가는 것이 사탄이므로 어려움이 있다. 그러면 영육혼이 안전하지 않을 수 있다. 예수님은 다시 오실 때까지 영육혼을 잘 보존하라고 하셨다. 우리 몸을 잘 보존하려면 좋은 환경에서 살아야 한다. 그래서 기독교인도 펜트하우스다.

13.

물이 너무 맑으면
물고기가 못 산다?

▲ ▼ ▲   물속에 물고기가 꼭 있어야 합니까?

물이 너무 맑으면 물고기가 모이지 않는다고 말한
다. 사람에 비유하여 설득하고자 할 때는, 불어오는
바람에 떨어지는 낙엽도 옹달샘은 가지고 있어야 하
고, 세수하러 왔다가 물에 빠진 토끼의 발에 묻은 까
만 진흙도 품고 있어야 한다고 말한다. 세상이 시끄러
우면 시끄러운 소리를 담고 있어야 한다는 것이다.

그러나 물이 물일 수 있는 것은 맑기 때문이며 물
고기를 길러야 하는 이유는 아니다. 물이 들판에 있어
야 하는 이유가 사람이 목적이 아니면 무엇이 목적이

어야 하는가? 처음 세상이 만들어졌을 때, 물이 흐르는 시내가 있었을까?

물의 기능은 깨끗함이었을 것이다. 아담의 갈증을 풀어 주고 들짐승이 먹고 살아가기 위한 것이었을 것이다. 토네이도 같은 강풍에 물이 넘쳐 오른 강물을 정수기로 걸러야 먹을 수 있다면, 물은 제 기능을 한다고 볼 수 없다.

물속에 고기가 있으면 물이 지저분해진다. 그 물고기 없어도 살아가는 데 불편함이 없다면 맑은 물을 지켜야 하는 것도 우리의 몫이다. 맑은 물을 내신 이가 나를 사랑하는 하나님이라면 그분의 뜻을 더욱더 따라야 한다. 물을 깨끗하게 지켜서 후손에게 물려주려는 생각이 있다면 괜찮다고 본다.

하지만 오늘날은 자신이 먼저 살아야 하고, 나중에도 남아야 한다고 주장하는 사람들이 있는 것 같다. 그들은 맑은 물에 물고기를 키우면서 다른 사람이 먹어야 할 물을 오염시키기도 한다. 그런 사람이 세상의 책임자가 된다면 걱정을 할 수밖에 없지 않을까?

14.
운전하기 전,
기도 7초

▲ ▼ ▲　　　　　운전하기 전, 7초 동안 하나님께 감사와 안전 운행을 도와달라고 기도하면 마음이 편안해진다. 예수님이 동행하는 것 같고 예수님과 같이 여행을 하는 기분이 되어 신중하게 된다. 그 잠깐 동안의 몇 초로 인하여 내가 도로에 나왔을 때, 만날 수 있는 난폭한 사람의 운전이나 위험으로부터 벗어날 수도 있다. 또는 그들이 이미 지나갔거나 다른 곳으로 돌아갔을 수도 있다. 사고를 방지할 수 있고 내가 안전한 차선으로 들어갈 수도 있다.

모래흙을 지고 지나가는 덤프트럭 2대는 내가 안

전 운전을 기도하는 기도 시간 7초 동안 지나가고 도로에 없다. 그 시간대를 피하면 도로 흐름이 부드러운 시간을 만난다. 모두 다 첫 손주를 만나러 신생아실로 가는 즐거운 할머니, 할아버지인지 어찌 알겠는가?

필자가 수원에 갔을 때 길이 낯설어 내비게이션을 보면서 운전하고 있는데, 갑자기 차가 부딪치는 소리가 들려서 차를 멈췄다. 내 차는 다행히 아무 문제가 없었는데 바로 앞차가 3중 충돌 사고가 났다. 그리고 뒤차도 3중 충돌 사고로 멈춰 서 있었다. 내 차는 가운데 끼어 있었다. 그러나 아무 문제가 없었다. 나는 안전한 것이었다. 다행이다. 그러나 앞뒤 충돌 자체가 없다면 더 안전한 것이 아닌가? 그 운전자들과 동승한 승객들은 많이 놀랐을 것이다. 그 후로는 그 분위기를 거의 느끼지 않는다. 하지만 어느 곳이든 항상 위험은 있다.

기도하는 시간에 충돌이 지나간 것이다. 그날 앞뒤 충돌 사고를 당했던 그분들은 안전한 운전을 위해 기도를 했을까? 기도와 상관없는 생활을 하시는 분들일

까? 종교가 없다 해도 이 세상을 만든 신은 분명히 있다. 항상 살아 계시는 그분에게 기도하고 운전을 시작하면 어떨까? 그분이 예수님이면 더욱 좋다. 가볍게 안전 운전을 위해 기도한 몇 초가 나를 자유롭게 했다. 7초다.

15.
예배를
드리는 자세

▲ ▼ ▲   나이 지긋한 여자분이 몸의 신경이 온전치 않아 가끔씩 다리를 떤다. 주위에서는 눈치를 못 채지만 본인은 힘들어한다. 약을 먹을 때는 좀 괜찮지만 불편함이 있었다. 예배 중에 다리를 반듯하게 모으고 있으면 좋을 것 같다. 그런데 다리를 모으고 있으면 온몸의 신경이 다리에 쏠린다.

허리부터 발목까지 다리 신경이 튀어나올 듯하다. 무릎을 잡고 긴장한 상태로 예배 시간의 경건을 지켜야 한다고 배웠다.

그러나 가끔씩 다리를 꼬고 앉는다. 예전에는 눈치

가 보여 조심했지만 지금은 다리를 포개는 것이 허리에서 내려오는 신경의 눌림을 잊고 앉아 있을 수 있어서 편하다고 했다.

그런데 이상하다. 다리를 꼬면 경건함이 약해지는 것 같다. 왜 그럴까? 정자세를 요구하는 이유가 있는 것 같다. 환자처럼 보이지 말자.

그러나 다리를 나란히 하고 앉아 있으면 허리가 구부러지고 고개가 수그러진다. 다리를 모아 가슴 가까이 끌어 올리면 편안함을 느낀다. 즉, 다리가 가슴 가까이 올라오면서 등허리가 펴지고 불편함이 줄어들지만 집중력이 떨어지는 것 같다.

몸이나 마음이 아픈 사람은 위로를 받기 위해 교회에 가기도 한다. 치료받는 것이다. 보기가 좀 싫을 수도 있지만 하나님의 사랑으로 세워진 교회이니 사랑의 눈으로 보면 어떨까?

비록 불편한 몸으로 찾아왔지만 하나님이 부르시고 그분께서 사랑하시는 분이고 피조물로서는 내 형제가 아닌가?

16.
악은
누가 만들었을까?

▲ ▼ ▲   하나님은 악을 만들지 않았다. 사탄
이 하나님의 말씀을 거역하고 자신의 뜻대로 행동하
고 결과를 사람들이 책임지도록 떠넘겼다. 그는 하나
님을 따르지 않았고 하나님의 뜻과 달랐다. 하나님이
싫어하시는 방향으로 살면서 그가 만들어 내는 모든
것은 악하게 보였다.

　법이 없는 세상이 선한 세상이라 할 수 있다. 에덴
동산 같은, 법이 없어도 사람이 살 수 있는 곳이다. 그
렇게 보면 십계명은 악이라 할 수도 있다. 사람의 행
동을 규제하고 따르지 않으면 벌을 주기도 하기 때문

이다. 그래서 예수님은 계명이 너희를 구속할 것이라 했으며 계명이 있는 것을 염려하셨다.

성경의 뱀인 사탄이 지나간 곳의 사람들은 하나님 뜻을 따르지 않았다. 다른 사람을 괴롭혔다. 여러 번 말씀을 했지만 듣지 않고 자신만을 위한 일을 했다. 그러면서 사람들이 하나둘씩 아무도 모르게 사라지기도 했다. 하나님은 열 가지 계명을 만들어 규칙을 지키라고 명령했다. 그 내용은 다음과 같다. 사람을 죽이지 마라, 부모를 공경하라, 거짓말하지 마라, 도둑질하지 마라, 네 이웃의 소유를 빼앗지 마라 등등.

그는 이 십계명을 무시하고 여전히 같은 행동을 했다. 회계하지 않고 날마다 계속했다. 그들은 자신이 짐승이라고 스스로 말했다. 그리고 짐승의 말은 십계명 같은 강령을 무시하는 행동들이 포함된 언어라고 변명했다. 그러니 자신들의 행동이 잘못이 없다는 것이다.

하나님을 대신하여 이 땅에서 일하시는 사자를 쓰러뜨린 뱀은 지켜야 하는 선을 넘었으므로 사탄이라

불렸다. 그런 후에 사탄은 그분의 모자를 쓰고 그분의 능력을 뺏어서 새로운 짐승을 만들었다.

사탄은 사람처럼 말로 표현하는 성품을 싫어했고 사람과 반대로 해서 늘 문제를 만들었다. 착한 사람을 미워했고 악한 사람은 예뻐했다. 변장한 사탄은 사람들에게 한 가지 소원을 들어주겠다고 하며 미워하는 착한 사람을 정리할 생각을 했다.

사람들은 변장한 그 사탄을 의심하지 않았다. 사탄은 그들의 소원을 들어주는 척하면서 자신이 미워하는 사람은 사슴이나 토끼로 만들었다. 사슴과 토끼가 된 착한 사람은 만족했다. 몸을 바꾸는 것을 해 보고 싶었고, 하나님이 착한 동물인 토끼를 좋아하시리라 생각하고 감사해했다. 사탄은 자신이 예뻐하는 사람, 즉 악한 사람은 사자나 호랑이나 하이에나로 만들었다. 악한 사람은 힘세고 몸집도 크고 이빨이 강한 짐승이 되는 것을 으스대며 좋아했다. 이기는 것을 내세웠고 이기면 무엇이든지 자기 것이 되는 것을 그들의 조직에서 인정받았기 때문이다.

사탄은 사자가 된 그 짐승에게 배고프지 않으냐고 물었다. 그리고 선한 토끼를 바라보았다. 그 사자는 토끼를 잡아먹었다. 사슴도 잡아먹었다. 토끼와 사자가 사라질 때 선도 사라졌다. 선은 살아남지 못했다.

옆에 있던 호랑이와 하이에나는 혼자 다 먹는다고 사자에게 덤벼들었다. 셋은 풀만 먹는 사슴과 토끼를 가지고 대대로 서로 싸웠다. 이긴 짐승에게 사슴과 토끼는 먹혔고 착한 선은 사라져 갔다. 이겨서 죽여야 하는 악은 대를 이어 가며 살아남았다.

십계명에 살인하지 말라고 했다. 사탄은 사람을 토끼 만들어 죽였고, 악한 사람은 사자가 되어 선한 사람이었던 토끼를 죽였다. 십계명에 어긋나는 살인은 악이다. 팔다리가 없는 뱀의 원조인 사탄은 사지가 있는 사람과 구조 자체가 다르다. 법은 사람의 기준에 맞추어 만들어진 것이다. 사람은 법을 이해한다. 그러나 사탄은 이해하지 않는다. 이해할 수 없다고 그들 스스로 말한다. 이해하면 굶어 죽는다고 말한다.

악을 행하면 살고 악을 받아들이면 죽는다고 말하

는 이들, 성경에 나오는 뱀, 사탄들의 이론, 그들의 이론을 받아들이고 지금까지 살려 주는 이는 누구인가?

그들을 살릴 때 선한 사람들은 그들에게 합법적으로 죽어 간다. 전쟁이라는 이름으로, 태풍이라는 이름으로, 코로나19라는 전염병으로, 암이라는 질병으로, 지진이나 토네이도라는 이름으로. 죽는 것이 법을 어기는 악보다 낫다는 신념을 지키면서 선한 사람들의 마음이 사라진다.

교회는 더 열심히 부르짖으며 선을 강조한다. 선한 사람 되어 교회 밖으로 나오면 짐승 같은, 괴물 같은 장마가 기다린다. 매년 오는 장마는 피할 수 없는 천재지변이라는 사전 용어로 누구에게나 인정받고 있다.

아담을 위해 만들어진 이 땅에서 아담들은 죽어 간다. 불법을 행하는 네 가지 없는 사탄들에게 먹히고 있다.

이들을 아담이 다스릴 수 있을까? 너무 커져서 그럴 수 없을 것 같다. 또 시간이 흘러 하나님의 뜻이 바꿰었을 수 있다. 신의 손, 안 보이는 손이 필요하다.
보이면 잡아먹을 것이기 때문이다. 악을 완전히 정리
할 손을 기다린다.

17.
힘이 센 수컷이
무리를 거느리다

▲ ▼ ▲   짐승이 사는 방법을 따라서 사는 것
이 왕정의 사람 세계와 닮은 듯하다. 힘의 논리이다.
왕은 여러 명의 신하와 아내를 거느리고 복종하는 자
는 보호하되 복종하지 않는 자는 감옥에 보내거나 다
시 안 보이도록 조치를 한다.

왕 밑의 장수도 같은 구조를 가지고 왕을 호위하며
권력을 가지고 사람들에게 충성을 가르치고 요구한
다. 왕이나 힘 있는 장수는 여러 명의 여자를 아내로
맞이하고 자녀를 많이 낳아 좌우에 세우고 힘을 과시
한다. 그들은 배웠으므로 아는 것 또한 많다. 그러나

서민이나 노예는 결혼도 못 하고 사는 경우도 있다. 그래서 장수들이 부르면 가볍게 따라나서며 전쟁터에도 걱정 없이 나간다.

이들은 전쟁을 자주 하거나 이벤트 같은 일들을 경험한다. 자신의 장수들을 따라다니면서 충성한다. 평화가 지속되고 할 일이 거의 없으면 농사를 짓기도 한다.

군주는 꿈이 크다. 노동력을 낭비하는 일을 두고 보지 않을 것이다. 그래서 전쟁을 하면서 이들의 충성을 유지할 수도 있다. 굶어 봐야, 고생을 해 봐야 군주의 질서를 존중할 것이라고 확신하며 주위의 약한 나라를 살펴보게 한다.

짐승은 식솔을 거느리고 힘을 과시하여서 다른 짐승을 잡아먹어야 그날 식사를 해결할 수 있다. 그래서 동료라는 개념이 없다.

그러나 아담은 근본적으로 힘자랑을 하지 않았다. 가시덤불을 걷어 내고 곡식을 심고 야채를 기르고 과일을 따서 먹어야 했다. 추운 겨울을 넘기려면 저장해야 했고 곡식이 부족하면 안 되었다. 그래서 힘보다는 이웃과의 공조 속에서 합력하고 더불어 살아가는 데 합의한다.

전쟁보다는 들판의 곡식을 거두는 일을 중요하게 생각했다. 그래서 군사들의 군복을 벗기고 밀밭에 넣어서 곡식을 거두게 하고 즐거운 저녁을 먹고 편히 쉬는 것이 더 낫지 않을까 생각하게 되었다.

가정이 있고 자녀가 있고 친구가 있고 사랑하는 늙으신 부모가 있는 사람들은 전쟁을 하고 싶겠는가? 건강하게 오래 살기를 희망해서 교회에 가서 기도도 하지 않았겠는가?

민주주의 일부일처제는 남녀 성비를 50 대 50으로 보는 견해이고 아주 이상적인 사회 체제로 본다. 모든 남자와 모든 여자가 결혼하여 가정을 꾸리고 살아간다면 이웃의 것을 도둑질하러 가는 전쟁이 필요하겠는가? 전쟁은 사람의 생명을 훔치는 것이다. 성경의 십계명에 어긋나는 것이다.

생명의 기본은 전부 하나님에게서 온 것이다. 사탄

도 생명의 근원은 하나님께로부터 온 것이다. 하나님
것을 죽이거나 훼손하는 것은 신의 뜻을 거역하는 것
이다. 하나님의 사자나 사역자나 법으로 공식적으로
인정받은 사람만이 사람의 생명에 관여할 수 있다. 전
쟁을 통해 죽이는 것도 하나님은 옳지 않다고 하셨다.

18.
사탄은 네 가지가 없어
사랑도 없다?

▲ ▼ ▲   흔히 "싸가지가 없다."라고 하면 "버릇이 없다. 윗사람에 대한 예의가 없다." 등으로 이해한다. 싸가지를 '네 가지'로 바꾸어 네 가지를, 인의예지(仁義禮智)로 말하기도 한다. 필자는 싸가지를 사람의 손발에 비유하여 네 가지로 정리해 보며, 손발이 없는 뱀(사탄)의 반역은 '네 가지'가 없기 때문이라고 말하고 싶다.

사람의 뇌는 작지만 여러 가지 기능을 가지고 있는 것 같다. 그래서 걸을 때나 서 있을 때, 머리가 하는 역할이 있고 손을 움직일 때도 머리에서 명령을 내려야 가능하다. 물론 반사작용에 의해 움직여지는 것도 있기는 하지만, 손과 발의 움직임은 뇌의 지배를 받는다는 것을 모르는 사람은 없다.

손발이 없는 뱀은 삶이 단순하다. 그러나 사람은 손과 발을 움직이는 뇌의 활동으로 감정과 감각과 이성이 나타나는 것일지도 모른다. 하나님이 사람의 손과 발의 움직임 안에 감정과 이성을 넣어 두셨을 수도 있지 않은가? 그렇다면 하와를 꼬드긴 사탄은 인의예지(仁義禮智)가 없어 사람에게 피해를 준 것인가?

하나님을 반역하여 '하나님같이 되기'를 지금도 하면서 사람들의 생활에 조상의 모습으로, 한(恨) 많은 귀신의 영으로 간섭하는 이유가 무엇인가? 그들은 교육이 안 되는가?

육식동물들은 싸우고 이겨야 상대를 먹고 살 수 있다. 〈동물의 왕국〉 같은 프로를 보면 사자가 얼룩말을 공격할 때, 굶어 죽을까 봐 어린 얼룩말을 잡는 사자를 응원한다. 얼룩말을 불쌍히 여겨야 하지 않을까? 약육강식을 당연하다고 생각한다. 오히려 개체 수가

적다고 호랑이 같은 육식을 하는 동물을 보호한다. 약육강식이 옳은가?

그런 사고가 사람들에게도 교육되어 남을 이겨야 내가 살 수 있다고 매일 남을 이기는 연습을 학교에서도 가르치고 있는 듯하다. 반면 짐승은 동료들끼리도 죽이는 것을 허용받은 것 같다.

사람들은 어떤가? 전쟁을 통해 사람들끼리 싸우고 있는 나라도 있다. 서로 이겨야 한다고 생각한다. 마치 짐승들이 다른 짐승을 잡아먹고 하루를 살아가는 것처럼 사람도 싸워서 이기려고 한다. 짐승들의 삶을 사람들이 본떠서 살며 전쟁으로 인한 살인을 당연한 것으로 여기는 것은 아닌지?

하나님이 전쟁으로 사람을 정리하거나 사람의 개체 수를 조절한다고 생각하는 분들도 있다. 만들어 놓고 많다고 정리하거나 개체 수를 조절하는 방법을 전쟁으로 할까? 그런 분이 하나님이라면 믿을 수 있겠는가?

내가 아는 하나님은 사랑이다. 전쟁은 살인이다.

성경의 십계명에서 살인하지 말라고 하셨다. 이런 하나님을 반역한 자는 누구인가? 사탄이다. 아담과 하와에게 죄를 짓게 하여 죄를 가지고는 살 수 없는 에덴에서 쫓겨나게 한 사탄이 안 보이는 영으로 사람들을 꼬드기고, 간섭하며 서로 싸우게 하는 것이다.

그는 근본 뱀, 짐승이므로 사람 같은 네 가지가 없어 배려나 이해나 사랑이 부족할 수 있다. 짐승이 짐승을 잡을 때 당연하다고 여기듯이, 그들은 사람도 사람끼리 싸우는 것이 당연하다고 생각해서 서로 싸우도록 뒤에서 조종하는 것인지도 모른다.

사람은 하나님이 만드신 동행의 목적이 있다. 목적에 맞도록, 싸움이 아닌 사랑으로 이해하고 배려하고 도와 가며 더불어 살아가기를 희망한다. 우리는 사탄의 근본을 가지지 않았다. 하나님의 사랑의 감정이 있다. 그 감정을 키워서 서로 사랑하며 살아가기를 바란다.

Ⅲ.

신의 창조는
사랑에서
시작된다

19.
신의 첫 피조물은
사랑이다

1) 사랑의 탄생

▲ ▼ ▲ 　　　하나님이 세상을 아직 만들고 계시
므로 살아 움직이는 생명이 없을 때 지렁이 한 마리를
만드셔서 손바닥에 놓고 일하셨다. 지렁이는 굼틀대
는 것으로 귀여움을 받았고 아주 많은 사랑을 받았다.
세상은 어제가 오늘 같고 오늘이 어제처럼 변함이 없
었다. 다만 지렁이만 그제보다 어제가, 어제보다 오늘
이, 몸이 점점 줄어들었고 꿈틀대다가 손가락 사이에
끼어 몸부림하면 잡아다가 다시 손바닥에 올려놓곤

하였다. 몸이 줄어들면서 굼틀대는 것도 약해졌다. 주위에는 아직 풀이나 흙이나 살아 있는 짐승 같은 것을 만들지 않아서 먹여 줄 만한 것이 없었다.

하나님은 문득 자기 손을 보셨다. 그 손을 비벼서 빨간 액체가 나오도록 하더니 그것을 지렁이에게 먹였다. 지렁이가 다시 힘 있게 움직이는 것을 보고 웃으셨다. 세상이 거의 완성될 무렵, 해가 땅 아래로 내려가자 어둠이 내렸다. 하나님은 지렁이가 잠이 들도록 한 다음 주머니에 넣고 옷으로 덮어 주셨다. 다음 날 해가 뜨기도 전에 지렁이가 주머니에서 기어 나왔다. 그리고 하나님 손바닥에 앉아 손을 바라봤다.

하나님이 웃으면서 다시 자신의 손등을 비비셨다. 어제처럼 빨간 액체를 지렁이 입에 넣어 주셨다. 그 액체가 들어가자 몸이 탱탱해졌다. 지렁이는 땅 위에 줄을 남기며 이리저리 뒹굴면서 힘 있게 주위를 기어다녔다.

그러다가 큰 바닷물이 덮쳐 왔다. 지렁이는 미련 없이 그 물과 같이 그냥 떠내려가 버렸다. 하나님이

고개를 들고 보시고는 바다에 손을 넣으셨다. 바로 지렁이를 잡아 아까 그 자리에 그대로 놓으셨다.

다음 날 아침에도 하나님이 그 액체를 먹이셨다. 그리고 그 액체의 이름이 '피'라고 알려 주셨다.

피를 먹으면서 지렁이의 모습이 매일매일 조금씩 달라졌다. 피부는 단단해지고 거무스름하게 변하였다. 움직임은 몸이 눌린 것처럼 빨라졌다. 가슴을 바닥에 딱 붙이고 하루 종일 기어다녔다. 일하시는 하나님을 따라다니며 피가 있는 동물들을 눈여겨보는 듯했다. 그러다가 피가 있는 짐승을 보면 가슴을 붙이고 엎드려서 피를 빨아 먹었다.

하나님은 그 이름을 '거머리'라고 바꾸셨다.

"피는 생명이니 먹지 말고 이제는 동산의 열매를 먹어라."

하나님이 말씀하셨다.

거머리는 대답하지 않았다.

"다음에는 동산의 과일을 먹어라."라고 다시 말씀하셨다.

하나님이 멀리 가셔서 며칠 후에 오셨다.

하나님은 거머리를 보고 반가워하셨다. 그런데 기운이 없어 보였다. 하나님은 거머리가 아무것도 먹지 않은 것을 아셨다.

하나님은 동산 과일을 따서 거머리 입에 넣어 주시면서 웃고 배를 쓰다듬어 주셨다. 그러나 거머리는 땅에 드러눕더니 갑자기 토하기 시작했다. 다 토한 후에 누워 눈을 감고 몸을 움츠렸다.

작아진 거머리가 녹아 없어질 것 같은 모습이 되었다. 하나님이 잠시 생각하실 때 거머리가 하나님 손을 가만히 보았다. 하나님이 자신의 손 위에 거머리를 올려놓으시고 오랜만에 손을 비비셨다. 빨간 피가 보이자 거머리가 벌떡 일어나 입을 댔다. 그동안 자라서 몸이 길어진 거머리는 먹는 양이 꽤 많아졌다.

하나님은 '거머리'가 혼자인 것이 염려되어 247마리의 동료 거머리를 또 만들어서 같이 살아가도록 하셨다. 그리고 1,027마리를 또 만드셨다. 그리고 그들 모두에게 과일을 먹도록 가르치셨다. 하나님은 처음이든 나중이든 거머리들에게 윗사람으로서의 책임은 부여하시지 않은 것 같다. 당시에는 순서나 시간이 있지 않았다. 많은 그들 중에서 음식을 순서대로 먹어야 하는 것에 대해서도 말씀하지 않으셨다. 음식은 항상 넉넉하게 많이 준비되어 있었고 아무 때나 먹을 수 있었다.

숫자가 많아지자 이 거머리는 그들을 인솔하여 다니면서 음식을 찾는 방법과 먹는 것을 가르치면서 하나님같이 행동했다. 그리고 자신의 것은 먼저 찜해 두고 나머지를 나머지 거머리들이 나누도록 했다. 그리고 자신의 영역에는 들어오지 못하도록 엄하게 훈련시켰다. 그리고 그들에게 다른 짐승들의 피를 먹이면서 자신의 말을 따르도록 훈련을 시켰다.

하지만 하나님이 보실 때 그 거머리는 늘 과일 속에 파묻혀 있었다. 그분은 먹을 것의 종류가 많은 것을 다행이라 생각하셨다.

하나님은 가끔씩 오셔서 그들이 잘 지내는지 확인하셨다. 나중에는 거의 모습을 보이지 않으셨다.

그리고 다른 분, '사부'를 보내셔서 땅을 관리하실 때도 그 거머리는 여전히 자신의 습관을 유지했다. 그러나 과일은 먹지 않았다. 맛이 없었다.

하나님이 만드신 다른 짐승들의 피를 몰래 먹으면서 맛을 비교했다. 다른 거머리들은 이 처음 거머리의 말을 따랐다. 그들은 자신들에게 피를 제공하는 모든 짐승을 '음식'이라고 부르는 것이 옳다고 여겼다. 그래서 어떤 동물 집단들은 단번에 쓰러지기도 했다. 완전히 없어지기도 했다. 그 거머리는 그들을 '음식'이 있는 곳에 끌고 다니며 자신의 이름을 '하나님'이라 가르쳤다.

그리고 그들의 이름은 숫자를 붙여 주어 2번부터는 번호를 불렀으며 줄을 길게 세워 따라다니도록 했다. 뒤의 거머리는 앞의 꼬리를 따라가므로 줄이 휘어졌다. 그러자 그들에게 "똑바로!"라고 외치며 앞의 줄을 잘 따라가라고 계속 소리를 질렀다.

그 거머리는 자신이 하나님이고 이 세상을 만들었다고 그들에게 말했고 그들은 그 말을 믿었다. 자신이 하나님의 손에서 제일 먼저 만들어진 움직이는 피조물이라고 했지만, 다른 거머리들은 자신들이 태어나기 전에 무슨 일이 있었는지 모르고, 누가 하나님인지 모르기 때문에 그냥 하라는 대로 따라 했다.

어느 날, 하나님이 잠깐 오셨다. 나중에 태어난 거머리들은 그들의 하나님에게 보고했다.

"하나님, 큰 음식이 왔어요."

"하나님, 냄새가 좋아요."

"하나님, 한 번도 안 먹어 봤어요."

그들은 예의와 순서를 배웠다.

"하나님, 먼저 드세요."

한꺼번에 말하자 곤란해진 그 거머리는 도망가서 숨었다.

하나님은 동산 과일을 따다가 먹는 방법을 가르쳐 주었고 그들 모두는 따라서 과일을 먹었다.

그 거머리는 바닷속 깊이 숨어 있다가 하나님이 떠나자 나왔다. 과일은 안 먹었다.

그 거머리는 엄청나게 이쁜 사람, 하와라는 여자를

찾아갔다.

하와가 과일을 따러 오자 나무 위에 숨어 있던 그 거머리는 하와의 손을 물었다. 피가 나자 그 피를 빨아 먹고 재빨리 도망했다.

그리고 다른 거머리들에게 가서 '큰 음식'이 갔으니 하나님 말씀을 따르라고 하면서 피를 먹는 훈련을 강하게 시켰다. 그들 중 2번 거머리가 이미 떠난 하나님을 가리키며 '큰 음식'을 먹어도 되느냐고 물었다.

그 거머리는 하나님만 먹는 것이라고 말하고 욕심내지 말라고 했다.

그럼 여자의 피는 먹어도 되는지 다시 물었다.

시작 거머리는 2번 거머리를 물속에 거꾸로 처넣어 버렸다.

그 거머리는 하와를 보면서 자신도 아담처럼 키가 컸으면 좋겠다는 생각을 했다. 하와 앞에 서면 눈이 마주 보일 테니까. 그러나 아담처럼 되면 물속에 들어가 살기는 어려울 것 같다는 생각을 하게 되었다.

그래서 땅 위에서도, 물속에서도 공중에서도 살 수

있으려면 어떤 몸이 되어야 할까를 연구했다.

하나님의 권고로 땅을 관리하던 사부의 뒤를 따라 다니던 그 거머리는 어느 날 사부가 가지고 있는 인봉을 훔쳤다.

멀리 바위 뒤에 숨어서 자신의 몸을 길고 굵게 그리고 만질만질하게 해 달라고 말하면서 사부처럼 인봉을 휘둘렀다. 그 거머리는 순식간에 자기를 따라다니는 부하들의 행진하는 길이만큼 길고 매끄러우며 들짐승의 몸만큼 통통한 비암(뱀)의 모습을 갖게 되었다. 그는 아주 만족해하며 물속으로, 땅속으로, 땅 위로 다니면서 아주 즐거워했다.

거머리일 때와는 비교도 할 수 없이 빨랐고 컸고 하나님처럼 큰 모습으로 다른 거머리들에게 명령할 수 있었기 때문이다.

그는 자주 하와를 보기 위해 나무 뒤에 숨었다. 아담의 흉내를 내며 그녀에게 말을 걸어 보기도 했다. 하와 앞에서 아담처럼 똑바로 서서 하와를 바라볼 수 있는 날을 기대했다.

그러다가 하늘을 나는 새를 보았다. 물속에서도 살 수 있고 땅속에서도 살 수 있고 땅 위에서도 살 수 있는데 하늘 위는 어떻게 해야 날아다닐 수 있을지, 그래서 이 지구와 지구 위 공중의 모든 곳에서 살려면 어떻게 해야 하는지 생각했다. 그것은 자신이 하나님처럼 정말 하나님처럼 되어 가는 과정일 것이라고 생각하면서 진짜 하나님을 음식으로 생각하고 싶어졌다. 그러려면 자신의 부하들, 아니 그들이 해 주어야 하는 일이 있으므로 동생들이라고 가끔씩 부르며 그들이 자신의 계획을 이루기 위한 과정에서 중요한 역할을 하도록 명령 체계를 확립해야겠다고 마음먹었다. 거머리의 꿈은 왕이 되는 것이었다.

땅 위의 짐승들은 피를 요구할 때 거절하며 도망가고 펄쩍펄쩍 뛰어서 목적을 잘 이루지 못할 때가 있다. 그럴 때는 어떻게 해야 할까? 그들끼리 싸우도록 해야 한다. 2번에서 2,034번까지는 모두 자신의 군사다. 자신이 하나님처럼 될 때까지 필요하니 지금은 보호하고, 음식 하나님이 만드신 짐승들은 아담을 포함하여 서로 싸우고 쓰러지게 하자. 피가 널브러진 곳에 자신의 군사들을 데리고 가서 배부르게 먹이고 자주 그런 축제를 만들어 자신을 믿고 따르게 하자. 그리고 이것을 '전쟁'이라고 표현하자.

그 거머리는 비암이 된 후로 아담의 모습을 갖는 것과 하늘을 나는 것에 대해 깊이 생각하며 선악과 뒤에 몸을 숨기고 하나님처럼 되어 가는 자신을 상상했다. 그러면서 하와에게 물었다.

"하나님이 정말로 먹지 말라 하더냐?"

"의심해라, 그래야 하나님처럼 된다."

의심한 하와는 선악과를 따 먹고 에덴에서 쫓겨났다. 하와는 가시들 사이에서 자란 음식을 먹었다. 들판 땅에서 꼬리를 길게 세우고 서 있는 키가 큰 비암을 피하여 집을 지었고 하늘을 나는 용꿈을 꾸며 임신을 했다.

2) 악의 탄생

▲ ▼ ▲ 　　들판에서 아담이 일할 때 사탄은 그
의 인내심을 시험한다. 사탄이 하는 일은 사람의 인내
심의 한계를 정하고 그 이상을 넘어서면 화를 내도록
매일 체크하면서 그런 환경을 만들어 간다. 아담이 화
를 낼 때마다 가슴에서 달라지는 세포를 뜯어낸다. 아
담과 하와가 화를 낼 때 가슴에서 달라진 세포를 뜯어
낸다. 그것들을 매일 모아 뭉쳐서 주머니에 넣어 보관
한다.

　아담이 본인 집에 들어가는 것을 사탄은 싫어한다.
그는 하와가 혼자 있을 때 그 집에 들어가 손님으로
가장하여 하와와 담소를 나눌 수 있기 때문이다. 일찍
들어오는 아담에게 화가 난 사탄은 하와를 부추겨서
화를 내게 한다. 하와를 화내도록 하는 방법은 뭉쳐
둔 주머니에서 화를 꺼내어 하와에게 쏟아붓는다. 화
가 몸에 덕지덕지 붙어 괴로운 하와는 아담을 향해 소
리를 지르게 된다. 아담은 쫓겨나 들판으로 갔다.

화를 내는 것은 하나님의 뜻도 두 사람의 뜻도 아니고 비암 사탄의 뜻이다. 화는 고통스러운 마음을 표현한 것으로 에덴동산에 없던 감정이다. 선악과를 먹고 난 후에 갖게 된 것이다. 피를 먹지 말라고 한 하나님의 말씀을 거역하여 다른 사람을 고통 속에 빠뜨렸으니 악한 감정이다. 그러나 하나님의 뜻을 이해하고 맞추어 따라가는 것은 문제가 없는 세상 안에 있는 것으로 선이다. 아담을 질투하며 하와 앞에 서고 싶어 하는 뱀, 즉 배려가 없는 짐승과 하나님의 모습처럼 만들어진 아담의 깊은 사려가 아이러니하게도 들판에서 땀 흘리는 아담을 허락하게 하였는지도 모른다.

이웃집 담장을 넘는 사탄 뱀의 간교함을 문제로 보지 않아서 침입을 막을 수 없게 되었다. 이런 사탄이 화를 내며 독을 뿌리면 아담이 들판에서 굶어 죽었을 수도 있는 것이다.

선악과를 먹기 전의 아담은 하나님의 뜻 안에 있으므로 선이고 선악과를 먹은 후 개인의 생각대로 행동하여, 악과 같이할 수 없는 하나님과 멀어진 사람의 삶이 악을 재생하고 있는 것은 아닌가?

3) 곰의 후손

▲ ▼ ▲　　　　하나님은 처음 아담을 만드실 때 짐승을 다스리는 일을 하게 하셨고 그의 아내 하와는 아담을 도와주는 사람으로 만들어서 악한 일과는 거리가 멀었다.

이 성경의 뱀, 즉 비암은 사람이 되고 싶었다. 그래서 사람이 되려면 어떻게 해야 하는지 여기저기에 물어봤다. 누군가에게 마늘을 백 일간 먹으면 사람이 될 수 있다는 얘기를 들었다. 하지만 그 전에 과정을 거쳐야 한다고 했다. 네발 달린 짐승이 되어야 한다는 것이다.

하나님이 오셨다는 말이 들렸다. 자신의 군대를 끌고 가서 하나님 앞에서 재롱을 떨게 하고 인봉을 살짝 터치했다. 간절한 소원을 말하면서.

비암은 곰으로 바뀌었다. 자신의 군사들은 '음식' 앞에서 큰 짐승이 되리라는 것을 알고 있었다. 미리 비암이 말한 것이다. 곰이 되는 순간 군사들은 '음식'

앞으로 한꺼번에 뛰어들었다. 놀란 하나님은 그들이 다칠까 봐 팔을 벌리고 받아 주었다. 같이 쓰러졌다. 같이 웃었다.

이때 곰이 된 비암은 재빨리 바위가 많은 곳으로 피하여 숨었다. 군사들은 자신의 왕이 곰이 된 것이 좋아서 팔짝팔짝 뛰면서 좋아했다. 자신들도 그렇게 될 수 있을 테니까.

곰은 마늘을 준비하기 위하여 아담의 집에 갔다. 마침 호랑이가 그 집에서 머물고 있었다. 곰은 자신의 군사들 안에 있는 호랑이가 아니라는 것을 알고 동행을 요구했다. 같이 들어가 마늘을 먹고 사람이 되자고.

호랑이는 자신의 뿌리를 잘 모르는 듯했다. 흔쾌히 승낙하고 같이 굴속으로 들어갔다. 곰은 곰방대를 호랑이에게 권했다. 그는 웃으며 조금씩 빨았다. 그러다 잠이 들었고 잠을 자면 3일도, 1주일도 잤다. 곰은 들여다보며 더듬고 털도 뽑아 보고 했다. 마늘은 냄새나서 던져두고 군사들을 불렀다.

그 군사들의 이름은 모두 '동서'였다.

"동서."

곰이 부르자 모두 달려왔다. '음식'이 가지고 다니는 인봉을 가지고 오라고 했다. 백 일이 되기 전에.

"음식이 안 오고 날아다니는 '사자'라는 이가 왔는데유."

"긴 방망이를 가지고 다녀유. 근데 지금은 없어유. 떠났시유."

비암이 된 2번이 말했다.

곰이 눈을 깜박이며 말했다.

"그 사자 찾아서 방망이만 가져와."

"안 돼, 무서워유." 2번이 대답했다.

"이걸 먹이면 자거든." 곰이 열매 씨앗을 주었다.

"안 자면 어떻게 해유?" 곰이 생각했다.

동굴 속에 군사들이 가득했다. 그럼 '사자'가 오면 그냥 빨리 알려 주라고 당부해서 보냈다.

담배를 피워서 몸이 까맣게 된 호랑이가 기어 나가며 말했다.

"답답해서 못 있겠다." 호랑이가 사라지는 것을 뒤에서 보며 웃었다. 곰의 손에 호랑이의 털과 간 조금과 허벅지 살과 머리카락이 쥐어져 있었다.

"알아야 이긴다. 몸이 클수록 분석을 해서 자료를 가지고 있어야 이긴다. 이기려면 알아야 한다."

호랑이가 안 보이자 군사들에게 따라 하도록 했다.

"이기려면 알아야 한다. 이기려면 알아야 한다."

2번 비암이 물었다.

"호랑이를 왜 그냥 보내요?"

"내 것이다. 이미 먹었다. 손대지 마라~"

그 동굴엔 냄새가 났다. 안쪽 구석에 물이 흐르는 것이 걸려 있었다. 곰은 그곳에 호랑이가 남긴 것을 놓았다. 잠시 후에 3번 군사가 달려와서 소리쳤다.

"보스의 음식…!" 하고 말하다가 더 이상 단어가 생각나지 않자 벌렁 드러누워 혀를 내밀고 눈꺼풀을 내리며 손을 비틀어 꼬았다. 곰이 2번 비암에게 물었다.

"단어 몇 개 가르쳤어?"

"3번이니까 3개유. 보스, 음식, '박수'요."

"'~유'로 해라."

"알았시유." 곰이 쳐다보자 계속 말했다.

"동서란 단어는 듣기만 하고 말로 부르지는 못하게 했어유. 보스만 부를 수 있는 단어유~"

쓰러진 호랑이는 갑자기 불이 붙어서 타서 사라졌다. 곰이 깜짝 놀라 일어났다. 언젠가 보았던 것이다. 음식도 그렇게 사라진 적이 있었다.

3번이 일어나더니 갑자기 바닥에 '떼굴떼굴' 굴렀다. 그리고 2번을 쳐다보며 눈을 깜박거렸다. 훈련을 해야 하는지 묻는 것이었다. 떼굴떼굴은 행동으로만 하는 것이 그들의 규칙이었다.

그렇게 동굴 속엔 비암들로 소란스러웠고 마늘은 썩어 가고 있었다. 백 일이 가까워 가던 어느 날 기다리던 신의 인봉이 들어왔다.

군사들은 동굴 밖에서 소리를 지르며 "보스, 음식, 박수."를 반복하며 떼굴떼굴 굴렀다. 백 일 되던 아침에 곰은 제주도의 돌하르방 같은 모습으로 사람이 된 것을 축하받으며 동굴을 나왔다. 그는 여자였고, 인봉은 당연히 보스 비암의 것이 되었다.

보스 비암은 돌아다니며 아담처럼 생긴 사람을 찾다가 그런 사람이 없음을 알았다. 소문은 아담이 들판에서 움직이지 않는다고 했다. 보스가 달려갔다. 그러나 아담의 흔적이 보이지 않았다.

어느 날 자신처럼 생긴 또 다른 돌하르방을 만났다. 동서들이 말했다. 2번이 아담을 돌하르방으로 만들었다고. 하나님의 사자의 인봉을 그 아담의 몸에 대자 돌하르방같이 되었다는 것이다. 2번이 대답했다.

"그때 생각나는 것이 보스였어유. 인봉을 든 자가 생각하는 대로 만들어진대유."

"왜 나를 생각했냐."

"자나 깨나 오직 보스뿐이구만유~"

하나님이라는 소문이 있었지만, 아닌 것을 확신하고 다른 곳으로 떠났다. 그곳에서 군사들이 주는 다른 인봉으로 자신을 좀 더 늘씬하고 보기 좋은 사람으로 다듬었다. 2번과 동서들이 쳐다봤다.

그러다가 한 남자를 만나 결혼했는데 후에 소문이 자신의 보스처럼 인봉으로 만들어진 남자라고 했다. 그들은 사람이 많은 곳으로 가서 살면서 자신들의 이야기를 신화로 만들어 자손에게 기억하게 하자고 합의하고 자신들의 이야기를 글로 썼다.

이것이 사실일 수도 있다. 그러나 사람의 역사는 아담에서 시작한다. 여기에서 비암, 즉 뱀의 욕심이 하나님의 인봉을 가져다가 인을 쳐서 사람이 되었다는 것이다. 불법으로 짐승이 사람이 되기 위해 신의 사자의 인봉을 가지고 기적을 일으킨 경우다.

정리하면 사람 중에는 아담의 후손이 있지만 짐승의 후손도 있을 수 있다는 것이다. 또 하늘의 별에서 온 외계인이 이 지구에 살면서 사람의 후손과 섞였는지도 모른다. 알 수 없지만 다양한 성품 속에 짐승 같은 사탄의 성품을 가진 사람도 있고, 하늘의 별나라에서 와서 천사 같은 성품을 가진 사람도 있을 수 있고 아담처럼 신의 손에 의해 만들어진 땅의 후손도 있을 수 있다.

이들의 종(種)이 보존되겠는가 아니면 섞이겠는가? 유전자가 온전하게 보호를 받을 수 있는지 생각해 봐야 한다. 사탄이 된 비암은 사람이 되고 싶어 했으니 당연히 이 세 가지 후손을 다 취하려 하지 않겠는가. 그래서 탄생에 관여했을 수도 있는 것이다.

4) 신을 자신의 '부하'라고 소개하다

▲ ▼ ▲　　　　지렁이 형은 자신의 군사들에게 자신을 '왕' 또는 '하나님'이라고 소개하면서 신하는 '앞'에서 걷고 왕은 '뒤'에서 걷는다고 말했다. 그의 군사들은 형을 하나님이라고 믿었다. 믿는 군사에게는 힘의 일부를 쥐여 주었다. 그래서 다른 모든 군사도 진실로 믿었다. 그들은 그 지렁이가 거짓말하는 것을 몰랐다.

그들은 수천억 년을 지나면서 그를 하나님으로 알고 그를 보호하는 군사로 살았다. 하나님을 반역하여 천국을 접수하러 간다고 할 때 하나님같이 되기 위해 왕이 된 지렁이 형은 천국을 세운 하늘의 사탄을 잡으러 간다고 거짓말을 했다.

그들은 천국의 사탄을 잡으러 가기 위해 열심히 훈련했고 그 '신하'가 오면 자기 하나님의 힘을 도둑질한 그 '신하'를 잡아 능력을 뺏어 자신의 하나님 지렁이 형에게 주었다.

어느 날에는 천국을 진짜로 접수하러 갔다. 그때 그 많은 군사의 배경에는 이런 짐승들의 개인 군사화가 있었고, 제주도의 돌하르방 같은 짐승도 있었다. 그날 그들은 사람처럼 일을 할 수 있었다.

사람처럼 변장도 하니 그 형은 진짜 하나님 같았고 군사들에게는 틀림없는 조물주로 보였다. 천국을 세운 사탄을 잡으러 천국에 가는 것이 자랑스러웠다.

그 지렁이 형의 군사들에 있는 생명의 근원도 지렁이 형에게서 왔다고 믿었다. 그래서 자신들의 소신에 의한 순종은 당연한 것이었다.

하지만 들짐승과 물고기와 하늘의 새와 용은 자신들의 '충성'이 악의 근원이 된 지렁이, 즉 사탄에 대한 것이었음을 몰랐다. 세상을 근원에서 창조한 하나님의 입장에서는 그들 모두 반역자였다. 그래서 천국의 진짜 하나님은 이들을 정리하기 위해 칼을 빼 들어야겠다고 생각했다.

하지만 인격적인 하나님은 그 반역자들 사이에 있는 하나님의 사람들이 다치는 것을 원하지 않았다. 그래서 장기적인 계획을 세우고 자신의 몸 일부분을 떼어 내었다. 그리고 아들이라 부르며 사람으로 만들어 믿음이 신실한 여자와 그의 약혼자에게 보내어 맏아들로 태어나게 했다.

그 아들이 남긴 것이 세상에서 '사랑'이라고 불린다. 그 사랑은 이해이다. 다른 사람을 먼저 이해하고 눈높이를 맞추는 것이다. 그분이 사랑으로 세상을 정리하시고, 하나님을 믿지 않고 반역하는 짐승들은 어느 때인지는 모르지만 불못에 던져서 사라진다고 한다. 그리고 그분은 세상을 정리하시고 하나님께 바치신다고 한다.

예수님을 천국으로 살아서 올리신 하나님은 이 지렁이에 대한 징벌을 하시려고 하니 너무나 많은 생명이 연결되어 있음을 아셨다. 가라지 지렁이를 잡으려니 알곡, 즉 진짜 하나님을 아는 생명들이 마음 아플 것 같았다. 가족이고 친구고 선생님들 등 환경이 지렁이가 계획하여 만들어졌고, 사람들과 섞여 있었다.

5) 악을 정리하다

▲ ▼ ▲   어떤 선지자가 세상을 구원하기 위하여 왔다. 이 비암의 악한 행동, 즉 피조물을 속이고 하나님도 속이려는 비암의 행위를 비판했다.

그가 말하는 것을 군대 '동서'들이 보았다. 그 선지자는 이 비암의 속임에서 하나님의 사람을 구원하려는 계획을 가지고 와서 하나님 나라를 전파하고 아픈 사람을 모두 치료하였다고 알려 주었다.

그리고 그가 제자들을 가르쳐서 하나님 나라의 뜻을 사람들에게 전하라는 사명을 주고 제자들이 보는 앞에서 하늘로 올라가는 것도 보았다.

동서들은 비암에게 물었다. 누가 진짜 하나님인지 물었다. 비암은 그 선지자가 거짓말을 한다고 말했다. 그래서 그들은 그 선지자를 나무에 매달아 죽이는 것이 옳다고 생각했던 것이다.

선지자가 사라지자 비암은 빙하기를 꿈꿨다. 빙하기가 오려면 전쟁을 해야 하고 핵을 뿌려서 쉽게 그

땅 위의 생명을 정리하면 되겠다고 생각했다.

비암은 질병을 만들어 뿌렸다. 그 질병이 사라졌다. 전쟁도 시작했다. 그런데 그 전쟁도 끝이 나고 빙하기는 어림없었다.

비암 2번이 물었다.

"왜 빙하기가 안 와요?"

"찬양 때문이다. 그리고 기도, 성경, 말씀 때문이다."

부자로 만드는 펜트하우스

1판 1쇄 발행 2024년 08월 09일

저자 리현

교정 주현강　**편집** 김다인　**마케팅·지원** 김혜지

펴낸곳 (주)하움출판사　**펴낸이** 문현광

이메일 haum1000@naver.com　**홈페이지** haum.kr
블로그 blog.naver.com/haum1000　**인스타그램** @haum1007

ISBN 979-11-6440-659-3(03230)